Ernst Probst

Die ältere Bronzezeit im westlichen Brandenburg

300 Jahre Urgeschichte

Der GRIN Verlag publiziert seit 1998 wissenschaftliche Arbeiten von Studenten, Hochschullehrern und anderen Akademikern als eBook und gedrucktes Buch. Die Verlagswebsite www.grin.com ist die ideale Plattform zur Veröffentlichung von Hausarbeiten, Abschlussarbeiten, wissenschaftlichen Aufsätzen, Dissertationen und Fachbüchern.

Dokument Nr. V183047 aus dem GRIN Verlagsprogramm

Ernst Probst

Die ältere Bronzezeit im westlichen Brandenburg

300 Jahre Urgeschichte

GRIN Verlag

Die Deutsche Bibliothek verzeichnet diese Publikation in der Deutschen Nationalbibliografie;
detaillierte bibliografische Daten sind im Internet über http://dnb.d-nb.de/ abrufbar.

1. Auflage 2011
Copyright © 2011 GRIN Verlag GmbH
http://www.grin.com
Druck und Bindung: Books on Demand GmbH, Norderstedt Germany
ISBN 978-3-656-07086-3

Häuptling der älteren Bronzezeit
(etwa 1500 bis 1200 v. Chr.) aus Norddeutschland.
Ausschnitt aus einer Zeichnung
von Friederike Hilscher-Ehlert, Königswinter,
für das Buch »Deutschland in der Bronzezeit« (1996)
von Ernst Probst

Ernst Probst

Die ältere Bronzezeit im westlichen Brandenburg

300 Jahre Urgeschichte

Widmung

Dr. Rolf Breddin, Potsdam
Professor Dr. Claus Dobiat, Marburg
Professor Dr. Markus Egg, Mainz
Dr. Rudolf Feustel, Weimar
Dr. Gretel Gallay (heute Callesen), Nidderau
Professor Dr. Hans-Eckart Joachim, Bonn
Professor Dr. Albrecht Jockenhövel, Münster
Professor Dr. Horst Keiling, Schwerin
Dr. Joachim Köninger, Freiburg/Breisgau
Professor Dr. Rüdiger Krause, Frankfurt/Main
Dr. Friedrich Laux, Hamburg
Professor Dr. Berthold Schmidt, Halle/Saale
Dr. Peter Schröter, München
Dr. Klaus Simon, Dresden
Dr. Otto Mathias Wilbertz, Hannover
gewidmet, die mich bei meinem Buch
»Deutschland in der Bronzezeit« (1996)
mit Rat und Tat unterstützt haben,
sowie der wissenschaftlichen Graphikerin
Friederike Hilscher-Ehlert

Inhalt

Der dänische Archäologe
Christian Jürgensen Thomsen (1788–1865)
hat 1836 die Urgeschichte
nach dem jeweils am meisten verwendetem Rohstoff
in drei Perioden eingeteilt:
Steinzeit, Bronzezeit und Eisenzeit.

Vorwort

Rund 300 Jahre Urgeschichte passieren in dem Taschenbuch »Die ältere Bronzezeit im westlichen Brandenburg« in Wort und Bild Revue. Geschildert werden die Kleidung, der Schmuck, die Keramik, Werkzeuge, Waffen, der Handel und die Religion der damaligen Ackerbauern, Viehzüchter und Bronzegießer. Verfasser dieses Taschenbuches ist der Wiesbadener Wissenschaftsautor Ernst Probst. Er hat sich vor allem durch seine Werke »Deutschland in der Urzeit« (1986), »Deutschland in der Steinzeit« (1991) und »Deutschland in der Bronzezeit« (1996) einen Namen gemacht.

Das Taschenbuch »Die ältere Bronzezeit im westlichen Brandenburg« ist Dr. Rolf Breddin, Professor Dr. Claus Dobiat, Professor Dr. Markus Egg, Dr. Rudolf Feustel, Dr. Gretel Gallay (heute Callesen), Professor Dr. Hans-Eckart Joachim, Professor Dr. Albrecht Jockenhövel, Professor Dr. Horst Keiling, Dr. Joachim Köninger, Professor Dr. Rüdiger Krause, Dr. Friedrich Laux, Professor Dr. Berthold Schmidt, Dr. Peter Schröter und Dr. Klaus Simon gewidmet, die den Autor bei seinen Recherchen für sein Buch »Deutschland in der Bronzezeit« mit Rat und Tat unterstützt haben.

PAUL REINECKE,
geboren am 25. September 1872
in Berlin-Charlottenburg,
gestorben am 12. Mai 1958 in Herrsching.
Er wirkte 1897 bis 1908
am Römisch-Germanischen Zentralmuseum
in Mainz. 1908 bis 1937
war er Hauptkonservator
am Bayerischen Landesamt
für Denkmalpflege in München.
1917 wurde er kgl. Professor.
Reinecke teilte 1902 die Bronzezeit
in die Stufen A bis D ein.
1902 sprach er von der Straubinger Kultur
sowie von der Grabhügelbronzezeit
und später von der Hügelgräber-Bronzezeit.

Die Mittelbronzezeit in Deutschland

Abfolge und Verbreitung der Kulturen und Gruppen

In der Zeit von etwa 1600 bis 1300/1200 v. Chr., die in Süddeutschland als Mittelbronzezeit bezeichnet wird, beherrschten sämtliche im Gebiet von Deutschland verbreiteten Kulturen den Bronzeguss. Wegen dieses Fortschritts der Metallurgie hat 1935 der schwedische Prähistoriker Nils Åberg (1888–1957) die Mittelbronzezeit als Hochbronzezeit bezeichnet. Andere Autoren dagegen – vor allem in Norddeutschland – reden von der eigentlichen, reinen oder älteren Bronzezeit.

Der Mittelbronzezeit entsprechen in Süddeutschland vor allem die Stufen Bronzezeit B und C im Sinne der 1902 vorgenommenen Gliederung des damals in Mainz arbeitenden Prähistorikers Paul Reinecke (1872–1958). Demzufolge wird die Stufe Bronzezeit B in zwei Unterstufen eingeteilt (B 1 und B 2). Im Gegensatz zu früher tendiert man heute dahingehend, die Stufe Bronzezeit D (etwa von 1300 bis 1200 v. Chr.) erst der Spätbronzezeit zuzuordnen.

Mit der Mittelbronzezeit ist in Baden-Württemberg, Bayern, im Saarland, Rheinland-Pfalz, Hessen, Süd-

Karte auf Seite 15:

Kulturen und Gruppen während der Mittelbronzezeit
(etwa 1600 bis 1300/1200 v. Chr.) in Süddeutschland
und in der älteren Bronzezeit (etwa 1500 bis 1200 v. Chr.)
in Norddeutschland

nordische ältere Bronzezeit

Stader Gruppe

Lüneburger Gruppe

Oldenburg-emsländische Gruppe

Südhan-noversche Gruppe

Vorlausitzer Kultur

Hügelgräber-Kultur

Kiel

Stade • Hamburg
Schwerin

Bremen •
Amsterdam
Hannover
Magdeburg
Berlin
Dresden
Düsseldorf
Brüssel
Erfurt
Prag
Wiesbaden
Mainz
Nürnberg
Saarbrücken
Stuttgart
Straßburg
Ulm
Augsburg
Linz
München
Salzburg
Basel
Zürich
Enns
Innsbruck
Bozen
Genf

Elbe
Havel
Oder
Aller
Weser
Leine
Saale
Neiße
Spree
Fulda
Elbe
Werra
Moldau
Beraun
Mosel
Main
Regnitz
Naab
Altmühl
Maas
Neckar
Isar
Mosel
Rhein
Iller
Lech
Inn
Salzach
Saône
Bodensee
Doubs
Genfer See
Seine
Marne

0   50   100   150   200 km

Grafik: Veit

15

Mit Beil und Schwert bewaffneter Stammesfürst
der mittelbronzezeitlichen Hügelgräber-Kultur
nach einer historischen Trachtenrekonstruktion
des Münchener Historienmalers
und Altertumsforschers Julius Naue (1832–1907)

*Weise Frau
der mittelbronzezeitlichen Hügelgräber-Kultur
nach einer historischen Trachtenrekonstruktion
des Münchener Historienmalers
und Altertumsforschers Julius Naue (1832–1907)*

thüringen und Sachsen-Anhalt die Hügelgräber-Kultur bzw. -Bronzezeit identisch. Sie dauerte in diesen Gebieten von etwa 1600 bis 1300/1200 v. Chr.[1] Die Hügelgräber-Kultur war damals von Ostfrankreich bis zum Karpatenbecken in Ungarn verbreitet. Sie wird von den Experten in mehrere lokale Gruppen gegliedert. Nordrhein-Westfalen gehörte nur bedingt zur Hügelgräber-Kultur. Dort werden die Funde zwischen 1500 und 1200 v. Chr. – norddeutscher Terminologie folgend – allgemein der älteren Bronzezeit zugerechnet. Damit findet die auf dem Kulturgefälle in der Frühbronzezeit zwischen dem Süden und dem Norden basierende Phasenverschiebung von Bronzezeitstufen terminologisch ihre Fortsetzung.

In Niedersachsen bezeichnet man den Abschnitt von etwa 1500 bis 1200 v. Chr. als ältere Bronzezeit. Diese umfasst die Stufe II in der Chronologie des schwedischen Prähistorikers Oscar Montelius (1843–1921) für die nordische Bronzezeit. Damals gab es in Niedersachsen mehrere lokale Gruppen: die zur Hügelgräber-Kultur gehörende Lüneburger Gruppe, die zum Nordischen Kreis zählende Stader Gruppe die Südhannoversche Gruppe und die Oldenburg-emsländische Gruppe.

In Schleswig-Holstein und im Küstengebiet von Mecklenburg-Vorpommern begann um 1500 v. Chr. die nordische ältere Bronzezeit. Diese Kultur endete um 1200 v. Chr. Sie entspricht der Stufe II nach Montelius.

18

Die Funde von etwa 1500 bis 1300/1200 v. Chr. im westlichen Teil Brandenburgs werden der älteren Bronzezeit (s. S. 23) zugeordnet.

In Sachsen und Ostbrandenburg war ab ungefähr 1500 bis 1300/1200 v. Chr. die Vorlausitzer Kultur heimisch. Sie ging der spätbronzezeitlichen Lausitzer Kultur voraus.

OSCAR MONTELIUS,
geboren am 9. September 1843 in Stockholm,
gestorben am 4. November 1921 in Stockholm.
Er promovierte 1869,
wurde 1888 Professor und war von 1907 bis 1913
Reichsantiquar in Schweden.
Montelius teilte 1885
die nordische Bronzezeit in sechs Perioden
(Periode I bis VI)
und 1897 die Eisenzeit in acht Perioden
(Periode I bis VIII) ein.
Außerdem prägte er
schon im 19. Jahrhundert
den Begriff Nordischer Kreis der Bronzezeit,
von dem der heutige Name
nordische Bronzezeit abgeleitet ist.

Für Skandinavien und Norddeutschland wird die 1885 von dem schwedischen Prähistoriker Oscar Montelius aus Stockholm erarbeitete Gliederung der Bronzezeit verwendet. Er teilte die nordische Bronzezeit nach der typologischen Abfolge von Bronzeerzeugnissen (Gewandspangen, Rasiermesser, Schwerter, Gürteldosen) in sechs Perioden ein, die er mit römischen Ziffern von I bis VI kennzeichnete. Das auf seinen Erkenntnissen aufbauende Chronologieschema sieht heute so aus:

Periode I (frühe Bronzezeit):
etwa 1800 bis 1500 v. Chr.

Periode II (ältere Bronzezeit):
etwa 1500 bis 1200 v. Chr.

Periode III (mittlere Bronzezeit):
etwa 1200 bis 1100 v. Chr.

Perioden IV und V (jüngere Bronzezeit):
etwa 1100 bis 800 v. Chr.

Periode VI (frühe Eisenzeit):
etwa 800 bis 500 v. Chr.

Ihre Siedlungen kennt man nicht

Die ältere Bronzezeit im westlichen Brandenburg

Die Zeit von etwa 1500 bis 1200 v. Chr. wird im westlichen Teil von Brandenburg als ältere Bronzezeit (Periode II) bezeichnet. Zum westlichen Brandenburg gehören vor allem die Landschaften der Prignitz und das Ruppiner Rhin-Gebiet. Im östlichen Brandenburg existierte damals die Vorlausitzer Kultur.

Bei den Hinterlassenschaften der älteren Bronzezeit im westlichen Brandenburg handelt es sich überwiegend um Objekte aus Gräbern und Depots sowie um Einzelstücke. Funde dieser Kulturstufe wurden 1935 durch die Prähistorikerin Waldtraud Bohm (1890–1969) aus Berlin in der Publikation »Die ältere Bronzezeit in der Mark Brandenburg« beschrieben.

Die Gräber liegen heute oft an Sümpfen und Seen sowie unter dem derzeitigen Grundwasser. Als Ursache dafür gilt der schwankende Wasserstand infolge des Anstiegs des Meeresspiegels sowie des Rückstau von Elbe, Havel und Rhin. Der höhere Grundwasserspiegel wurde durch Aufstauungen und Bodenverbesserungen (Meliorationen) seit dem frühen Mittelalter hervorgerufen.

Obwohl die Toten häufig unverbrannt bestattet wurden, weiß man nichts über die Körperhöhe und Krankheiten

der damaligen Menschen. Denn nach den Körper-
beisetzungen sind die Knochen im märkischen Sand
vergangen. Von der Kleidung zeugt nur metallenes
Zubehör. Dazu gehören bronzene Nadeln zum Zusam-
menhalten des Gewandes, Knöpfe, Schmuckscheiben
und Gürtelscheiben.

Nadeln lagen in Depots und Gräbern aus jener Zeit.
Die größten Exemplare sind bis zu zwölf Zentimeter
lang und häufig mit einem gerippten Kopf versehen.

Ein Knopf und zwei Schmuckscheiben kamen bei der
Untersuchung einer Grabhügelgruppe in Sadenbeck
(Kreis Prignitz) zum Vorschein. Der von einem
männlichen Toten stammende Knopf aus Sadenbeck
mit einem Durchmesser und einer Höhe von 1,2
Zentimetern ist mit einem eingetieften vierstrahligen
Sternmuster verziert. Auf die Schauseite der einst sechs
Zentimeter Durchmesser erreichenden Zierscheiben aus
einem Frauengrab in Sadenbeck ist jeweils ein sechs-
zackiger Stern eingeritzt, während die Rückseite einen
Dorn und einer Öse hat.

In Wollin (Kreis Potsdam-Mittelmark) wurde eine
Gürteldose mit einem Durchmesser von 23 Zentimetern
geborgen. Die Funktion solcher meistens reich verzierter
Bronzegefäße ist nicht geklärt.

Auf Bartrasur und Haarschnitt deutet der Rest eines
bronzenen Rasiermessers südlicher Herkunft aus dem
Depot von Roskow (Kreis Potsdam-Mittelmark) hin.
Das Fragment ist 7,5 Zentimeter lang, zweischneidig
und hat eine längliche Öse zum Aufhängen. Dass auch

bronzene Pinzetten zum Haarauszupfen benutzt wurden, belegt ein Fund aus dem Depot von Mittenwalde (Kreis Dahme-Spreewald).

Aufgrund fehlender Siedlungsreste weiß man bisher nicht, wie die Menschen der älteren Bronzezeit im westlichen Brandenburg wohnten. Ihre Behausungen dürften in Nähe der Gräber und Friedhöfe gelegen haben. Die Bewohner waren Bauern.

Bronzene Sicheln aus Depots und Gräbern weisen indirekt auf den Anbau und die Ernte von Getreide hin. Solche Geräte fanden sich in den Depots von Lünow, Päwesin, Roskow (Kreis Potsdam-Mittelmark), Mittenwalde (Kreis Dahme-Spreewald) und Lichterfelde (Kreis Barnim) sowie im Grabhügel von Meyenburg-Schabernack (Kreis Prignitz). Alle vier Knopfsicheln aus Roskow weisen Dengelspuren auf, sie wurden also nachgeschärft.

Ein beschädigter und daher unbrauchbar gewordener Mahlstein aus Granit kam im Pflaster eines der Grabhügel von Sadenbeck zum Vorschein. Er ist 46 Zentimeter lang, 21 Zentimeter breit und 18 Zentimeter hoch. Bei ihm handelt es sich um den unteren Teil einer Getreidemühle, auf dem die Körner mit einem rundlichen kleineren Stein zerquetscht wurden.

Bisher ist im westlichen Brandenburg älterbronzezeitliche »Kümmerkeramik« nur in geringem Umfang belegt. Entsprechende Funde liegen aus Sadenbeck, Weitgendorf (beide Kreis Prignitz), Marzahne, Pritzerber See (beide Kreis Potsdam-Mittelmark), Mützlitz

Bronzene Schmuckscheibe mit sechszackigem Stern
auf der Schauseite
aus Sadenbeck (Kreis Prignitz) in Brandenburg.
Durchmesser sechs Zentimeter.
Original im Brandenburgischen Landesmuseum
für Ur- und Frühgeschichte, Potsdam

Als verzierte bronzene Gürtelscheibe
wird dieser Fund aus Wollin (Kreis Potsdam-Mittelmark)
in Brandenburg gedeutet.
Durchmesser 25 Zentimeter.
Original im Brandenburgischen Landesmuseum
für Ur- und Frühgeschichte, Potsdam

und Rhinow (beide Kreis Havelland) vor. Modelliert wurden vor allem zweihenkelige Töpfe mit Zylinderhals sowie Terrinen, die am Unterteil geraut wurden.

Feuer entfachte man mit Schlagsteinen aus Feuerstein und Schwefelkies. Aus Felsgestein bestand ein Hammer, der sich zusammen mit einer bronzenen Sichel und einem Randleistenbeil im Grab von Meyenburg-Schabernack fand. Weitere Werkzeuge waren Tüllen-meißel und Messer aus Bronze.

Tüllenmeißel wurden in Roskow (Kreis Potsdam-Mittel-mark), Stüdenitz (Kreis Ostprignitz-Ruppin) und im Depot von Berlin-Spandau geborgen. Man betrachtet die Tüllenmeißel als nordische Importe, die wenigen Messer dagegen als Produkte südlicher Herkunft. Vermutlich dienten auch manche Beilformen als Werkzeuge.

Das im Depot von Roskow entdeckte 15,5 Zentimeter lange und 490 Gramm schwere Randleistenbeil vom Typ Roskow gilt als einheimisches Erzeugnis. Vermutlich diente es als Waffe, weil in westhavelländischen Gräbern Klingen dieser Art jeweils zusammen mit einem Dolch geborgen wurden.

Dolche westlichen Ursprungs gehören zu den Depots von Berlin-Spandau[1] und von Roskow[2]. Die 10,7 Zentimeter lange Dolchklinge aus Roskow wurde möglicherweise aus der Spitze eines Kurzschwertes vom Typ Dahlenburg, der nach einem Fundort in Niedersachsen bezeichnet ist, angefertigt. Die Klinge ist dreifach gerippt. Ein 28 Zentimeter langes

Kurzschwert aus Damsdorf (Kreis Potsdam-Mittelmark) könnte ein einheimischer Handwerker hergestellt haben.

Die einzigen älterbronzezeitlichen Schwerter im westlichen Brandenburg wurden in Berlin-Spandau, in Stechow (Kreis Havelland) und in Prützke (Kreis Potsdam-Mittelmark) entdeckt. Zum Depot von Berlin-Spandau gehören auch vier Schwerter. Bei dem Fund von Stechow handelt es sich um ein Vollgriffschwert mit achtkantigem Griff (Achtkantschwert) der Hügelgräber-Kultur aus Süddeutschland. Das Vollgriff-schwert von Prützke dagegen wurde aus dem Norden importiert.

Die Schwerter aus Stechow und Prützke sind auf der Klinge mit einem breiten Mittelgrat versehen. Den gerippten Griff des Prützker Schwertes zieren horizontale Tannenzweigmuster, die zweimal durch ein Band aus vier Linien unterbrochen werden.

Bereits aus der Übergangsphase zwischen der älteren und der mittleren Bronzezeit stammen die fünf Kurzschwerter des Depots von Berlin-Spandau, das vor allem Waffen umfasste. Es bestand neben den Kurzschwertern (auch Dolche genannt) auch aus vier Schwertern, sechs bronzenen Beilen (darunter eine so genannte Kommandoaxt) und zwei Lanzenspitzen.

Weitere Waffen waren Pfeil und Bogen, deren Gebrauch durch steinerne und bronzene Pfeilspitzen belegt ist. Zwei Feuerstein-Pfeilspitzen lagen zusammen mit einem Randleistenbeil und einer Bronzeahle mit Holzgriffresten in einem Grab von Wulkow-Havemark. In einem

Zeichnung auf Seite 31:

Auf einem Lebensbild von 1921
wurden die Menschen der Bronzezeit
als Jäger und Viehzüchter dargestellt.
Die Zeichnung stammt aus einem Buch
von Karl Schumacher (1860–1934),
dem damaligen Direktor
des Römisch-Germanischen Zentralmuseums
Mainz.

31

Grabhügel von Sadenbeck fanden sich zwei bronzene Pfeilspitzen mit Tülle für die Aufnahme des hölzernen Schaftes.

Aus Metall war auch der größte Teil der Schmuckstücke angefertigt. Es gab Nadeln, die – außer ihrer praktischen Funktion als Gewandschließen – auch als Schmuck dienten, Halskragen, Armringe und Armspiralen (Armbergen).

Bei den Nadeln lassen sich einheimische Scheibenkopfnadeln, aus der Lüneburger Heide stammende Radnadeln sowie Nadeln mit geschwollenem, teilweise durchlochtem und verziertem Hals als südlichen Einfluss unterscheiden. Exemplare mit geschwollenem Hals wurden in Flieth (Kreis Uckermark), Werbig (Kreis Märkisch-Oderland), Rietzneuendorf (Kreis Dahme-Spreewald) und Biegen (Kreis Oder-Spree) entdeckt.

Die meistens gegossenen Halskragen aus Bronzeblech wurden auf zweierlei Arten verziert. Manche sind längsgerippt, bei anderen wurde die Oberfläche durch Längsrippen in zwei Felder geteilt.

Die Armringe haben teilweise einen Hakenverschluss oder pfötchenförmige Enden. Man hat diese Ringe mit senkrechten Strichgruppen verziert, die von schraffierten Dreiecken oder Zickzacklinien unterbrochen sind.

Die Armspiralen wurden sowohl aus Bronzedraht als auch aus Bronzeblech angefertigt. Sie waren teilweise nur an einem Ende zu einer Spirale aufgerollt, wie es auch in Ungarn häufig vorkam. Bei einer anderen Variante hatte man beide Enden jeweils zu einer

Spiralscheibe geformt. Die Armspiralen wurden mit feinen Strichgruppen verziert. Diese bilden vereinzelt ein den eisernen Kreuzen ähnliches Ornament.

Männer wurden oft mit Randleistenbeil und Dolchklinge aus Bronze, die als Grabbeigaben dienten, bestattet. Man errichtete Hügelgräber mit Steinpackung und -kränzen, legte jedoch auch Flachgräber mit und ohne Steinsetzung an. Die von Menschenhand aufgeschütteten Grabhügel sind heute noch anderthalb bis zwei Meter hoch und haben einen Durchmesser von acht bis 15 Metern.

Das erste Grab im Hügel (Zentralgrab genannt) wurde in dessen Zentrum angelegt und mit einer dicken Steinpackung geschützt. Es gab aber auch Gräber ohne Hügel, in denen die Urnen mit den verbrannten Resten des Toten frei im Sand standen.

Friedhöfe mit Gräbern der älteren Bronzezeit sind aus Weitgendorf[3], Sadenbeck[4] und Bresch[5] (alle im Kreis Prignitz) bekannt. In den weniger als 20 Grabhügeln von Weitgendorf wurden in der älteren und mittleren Bronzezeit Bestattungen vorgenommen. Der Friedhof von Bresch mit einer nicht genau bekannten Zahl von Gräbern war sogar von der älteren bis in die jüngere Bronzezeit in Gebrauch.

Der Friedhof von Sadenbeck mit fünf Grabhügeln lag auf dem Südhang einer Anhöhe westlich des Flusses Dömnitz. Jeder der Grabhügel war ursprünglich wohl nur für eine einzige Bestattung gedacht. Die Ausgrabungen durch den Potsdamer Prähistoriker Rolf

Foto auf Seite 35:

Depot von Berlin-Spandau
mit zwei bronzenen Lanzenspitzen,
vier Schwertern,
fünf Kurzschwertern (auch Dolche genannt)
sechs Beilen,
einem nicht genau zu deutenden Gerät
und einem Keulenkopf
aus der älteren Bronzezeit.
Originale im Puschkin-Musuem, Moskau

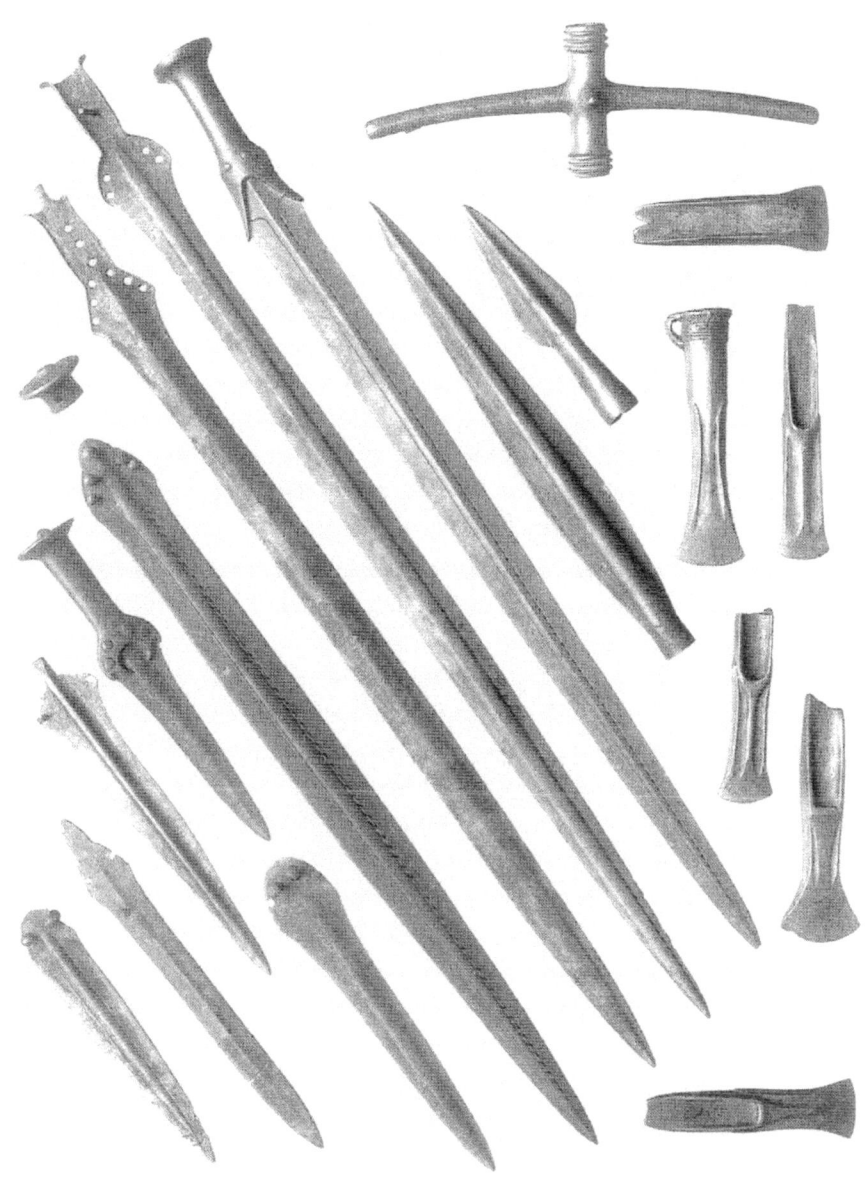

Foto auf Seite 37:

Steinpflaster aus dem Grabhügel 1
von Sadenbeck (Kreis Prignitz) in Brandenburg.
Länge 3,40 Meter, Breite 1,70 Meter.
Der Grabhügel hatte einen Durchmesser von zwölf Metern
und wurde von einem Steinkreis eingefasst.

Breddin ergaben, dass vor dem Aufschütten der Hügel der Baugrund abgebrannt und geebnet wurde. In die solchermaßen vorbereitete ebene Fläche hat man eine Grube eingetieft und mit Steinen gepflastert.

Die Verstorbenen wurden zusammen mit ihren Beigaben (Schmuck, Keramik, Werkzeugen und Waffen) auf dem Scheiterhaufen verbrannt und ihre Knochenreste anschließend auf das Steinpflaster geschüttet. Als Baumaterial für den Hügel diente schwach lehmhaltiger Sandboden aus der näheren Umgebung. Darin blieben nur wenige verkohlte organische Reste erhalten. Steinkränze mit einem Durchmesser von neun bis 12,80 Metern und mit einer Breite bis zu zwei Metern stützten im Innern der Grabhügel das Erdreich.

Die Grabhügel von Sadenbeck wiesen zur Zeit der Ausgrabungen noch einen Durchmesser von zehn bis 14,6 Metern und eine Höhe von einem halben bis einen Meter auf. Eine Steinsetzung in einem der Grabhügel könnte den Unterbau einer hölzernen oder steinernen Stele gebildet haben, die vielleicht oberirdisch sichtbar war.

Der erwähnte Depotfund von Berlin-Spandau deutet darauf hin, dass man damals an Flussübergängen wertvolle Bronzeobjekte opferte. Die Waffen und Werkzeuge des Depots wurden nämlich am Zusammenfluss von Spree und Havel bei einem Flussübergang als Opfergaben niedergelegt.

Anmerkungen

Die Mittelbronzezeit in Deutschland
1] Die Zusammenstellung dieser Übersicht über die
Verbreitung und Zeitdauer von Kulturen der Mittelbronzezeit entstand mit Hilfe der Prähistoriker Friedrich Laux vom Hamburger Museum für Archäologie,
Hamburg-Harburg, Rolf Breddin vom Brandenburgischen Landesmuseum für Ur- und Frühgeschichte,
Potsdam, und Klaus Simon vom Landesmuseum für
Vorgeschichte, Dresden.

Die ältere Bronzezeit im westlichen Brandenburg
1] Das Depot im Stadtteil Stresow von Spandau wurde
1881 entdeckt, als man eine Baugrube für ein mili-
tärisches Pulvermagazin anlegte. Die Funde gelangten
1882 in das Berliner Museum für Vor- und Frühgeschichte.
2] Das Depot in der Havelniederung am südlichen
Ortsrand von Roskow wurde am 1. September 1987
beim Bohren eines Brunnens gefunden.
3] Auf dem Feld des Rittergutes Weitgendorf gab es
1877 noch 18 Grabhügel, von denen die Hälfte bereits
weitgehend zerstört war. Dies berichtete der Berliner
Kreisrichter, Stadtrat und Schöpfer des 1874 be-
gründeten Märkischen Museums in Berlin, Ernst Friedel
(1837–1918), in der »Zeitschrift für Ethnologie«. Zuvor
hat man in Weitgendorf schon in früheren Zeiten eine
größere Anzahl von Gräbern bei der Suche nach Steinen

als Baumaterial zerstört. Von Oktober bis Dezember 1877 wurden die restlichen Hügel bei der Gewinnung von Baumaterial für den Chausseebau unter Aufsicht des sachkundigen Pastors Bernhard Ragotzky (*1809) aus Potsdam abgetragen. Damals durchsuchten Weitgendorfer Einwohner die Hügel, notierten ihre Beobachtungen und machten Skizzen von den Grabanlagen, die mit einem Bericht über »Funde vorchristlicher Alterthümer aus den Kegelgräbern zu Weitgendorf« vom 5. Januar 1878 in das Ortsaktenarchiv des Märkischen Museums gelangten. 1878 publizierte Ernst Friedel die Funde aus Weitgendorf. 1882 verwies der norwegische Prähistoriker Ingwald Undset (1853–1890) aus Oslo auf die aus dem Hügel 10 stammenden Fragmente der Bronzetasse vom Typ Friedrichsruhe. 1907 beschrieb der Berliner Prähistoriker Alfred Götze (1865–1948) das Weitgendorfer Fundgut. 1912 stellte der Berliner Prähistoriker Albert Kiekebusch (1870–1935) die Weitgendorfer Funde vor und rechnete sie »zu den hervorragendsten Altertümern, die das Märkische Museum besitzt«.

4] Die Grabhügelgruppe von Sadenbeck wurde 1974 und 1975 durch den Potsdamer Prähistoriker Rolf Breddin unter Mithilfe der Kreispflegerin Erika Müller (1905–1991) aus Meyenburg, des Bezirkspflegers Friedrich Plate aus Potsdam und des Pflegers Robert Zimmermann aus Falkenhagen ausgegraben. Sie hatte bei der Großfeldbewirtschaftung gestört.

5] Der Friedhof von Bresch wurde 1931 von der Prähistorikerin Waldtraud Bohm (1890–1969) aus Berlin untersucht.

Literatur

Die Mittelbronzezeit in Deutschland
GOLDMANN, Klaus: Die mittlere Bronzezeit als
Problem der Begriffs- und Zeitbestimmung. Aus:
Beiträge zur Geschichte und Kultur der mitteleuro-
päischen Bronzezeit, Teil I, S. 165–168, Berlin/Nitra
1990
LAUX, Friedrich: Zur älteren und mittleren Bronze-
zeit in Niedersachsen. Aus: Beiträge zur Geschichte und
Kultur der mitteleuropäischen Bronzezeit, Teil II, S. 275–
294, Berlin/Nitra 1990
RIECKHOFF, Sabine: Im Zeichen des Schwertes.
Mittlere und Späte Bronzezeit (1600–750 v. Chr.). Aus:
Faszination Archäologie, S. 63–80, Regensburg 1990
RÖSLER, Horst: Mittlere Bronzezeit im Süden. Aus:
HERRMANN (Herausgeber): Archäologie in der
Deutschen Demokratischen Republik. Denkmale und
Funde 1, S. 95–97, Leipzig 1989
SCHINDLER, Reinhard: Ältere und mittlere Bronze-
zeit (1800–1200 v. Chr.). Aus: Führer durch das Lan-
desmuseum Trier, S. 12, Trier 1986
STEIN, Frauke: Steinzeit und Bronzezeit im Saarland.
Führer zu vor- und frühgeschichtlichen Denkmälern.
Band 5. Saarland, S. 12–17, Mainz 1966
STRUVE, Karl W.: Die ältere und mittlere Bronzezeit
(Periode II-III). Aus: STRUVE, Karl W. / HINGST,
Hans / JANKUHN, Herbert: Von der Bronzezeit zur
Völkerwanderungszeit, S. 27–96, Neumünster 1979

TORBRÜGGE, Walter: Die mittlere Bronzezeit in Bayern. Aus: Beiträge zur Geschichte und Kultur der mitteleuropäischen Bronzezeit, S. 495–514, Berlin/Nitra 1990

WEBER, Gesine: Die Hügelgräberbronzezeit. Aus: Händler, Krieger, Bronzegießer. Bronzezeit in Nordhessen. Vor- und Frühgeschichte im Hessischen Landesmuseum in Kassel, Heft 3, S. 70–101, Kassel 1992

Die ältere Bronzezeit im westlichen Brandenburg

BOHM, Waldtraud: Die ältere Bronzezeit in der Mark Brandenburg. Vorgeschichtliche Forschungen, Heft 9, Berlin 1935

BOHM, Waldtraud: Die Vorgeschichte des Kreises Westprignitz, Leipzig 1937

BREDDIN, Rolf: Untersuchung einer älterbronzezeitlichen Grabhügelgruppe von Sadenbeck, Kr. Pritzwalk. Veröffentlichungen des Museums für Ur- und Frühgeschichte Potsdam, Band 12, S. 59–80, Potsdam 1978

BREDDIN, Rolf: Ein älterbronzezeitlicher Hort von Roskow, Kreis Brandenburg. Ausgrabungen und Funde, Band 34, Heft 2, S. 52–57, Berlin 1989

BREDDIN, Rolf: Zur Hügelgräberbronzezeit in der Prignitz. Aus: Beiträge zur Geschichte und Kultur der mitteleuropäischen Bronzezeit, Teil I, S. 75–86, Berlin/Nitra 1990

BREDDIN, Rolf: Eine älterbronzezeitliche Schmuckplatte aus dem Havelland. Ausgrabungen und Funde, Band 38, Heft 2, S. 81–86, Berlin 1993

FRIEDEL, Ernst: Die Fundstücke aus den Kegelgräbern bei Weitgensdorf, am Wege nach Schmarsow. Zeitschrift für Ethnologie, zehnter Jahrgang, S. 435–436, Berlin 1878

HORST, Fritz: Das mittelbronzezeitliche Hügelgräberfeld von Weitgendorf, Kr. Pritzwalk. Veröffentlichungen des Museums für Ur- und Frühgeschichte Potsdam, Band 21, S. 131–144, Berlin 1987

PETSCH, Hermann: Die Ältere Bronzezeit in Mitteldeutschland, Borna 1940

STEPHAN, Eberhard: Die ältere Bronzezeit in der Altmark. Veröffentlichungen des Landesmuseums für Vorgeschichte in Halle, Band 15, S. 1–68, Halle/Saale 1956

VOGT, Inken: Der Hortfund von Spandau. Prähistorische Archäologie im Raum Berlin, S. 81–99, Berlin 1991

Bildquellen

Klaus Benz, Fotograf, Mainz-Laubenheim: 47
Reproduktion einer Karte aus dem Buch »Deutschland
in der Bronzezeit« (1996) von Ernst Probst: 15 (Rainer
Veit, Mainz)
Reproduktionen von Fotos aus dem Buch »Deutsch-
land in der Bronzezeit« (1996) von Ernst Probst: 20
(Antikvarisk topografiska Akivet, Stockholm), 35
(Bildarchiv Preußischer Kulturbesitz, Berlin), 26, 27, 37
(Brandenburgisches Landesmuseum für Ur- und
Frühgeschichte, Potsdam, Foto: Detlef Sommer), 12
(Römisch-Germanisches Zentralmuseum, Mainz),
Reproduktionen von Zeichnungen aus dem Buch
»Deutschland in der Bronzezeit« (1996) von Ernst
Probst: 31 (Reproduktion aus Karl Schumacher:
Handbücher des römisch-germanischen Central-
Museums Mainz, Nr. 1. Siedelungs und Kultur-
geschichte der Rheinlande von der Urzeit bis in das
Mittelalter, I. Band: Die Vorrömische Zeit, Tafel, 20,
Mainz 1921), 9 (Reproduktion aus Jorn Street-Jensen:
Christian Jürgensen Thomsen und Ludwig Lin-
denschmit: Eine Gelehrtenkorrespondenz aus der
Frühzeit der Altertumskunde (1853–1964), Mainz 1985),
16, 17 (Reproduktionen historischer Trachtenrekon-
struktionen des Münchner Historienmalers und
Altertumsforschers Julius Naue, Foto: Prähistorische
Staatssammlung, München)

Zeichnungen von Friederike Hilscher-Ehlert, Königswinter, für das Buch „Deutschland in der Bronzezeit« (1996) von Ernst Probst: 1

Der Autor Ernst Probst

Ernst Probst, geboren am 20. Januar 1946 in Neunburg
vorm Wald im bayerischen Regierungsbezirk Oberpfalz,
ist Journalist und Wissenschaftsautor. Er arbeitete von
1968 bis 1971 als Redakteur bei den »Nürnberger
Nachrichten«, von 1971 bis 1973 in der Zentralredaktion
des »Ring Nordbayerischer Tageszeitungen« in Bayreuth
und von 1973 bis 2001 bei der »Allgemeinen Zeitung«,
Mainz. In seiner Freizeit schrieb er Artikel für die
»Frankfurter Allgemeine Zeitung«, »Süddeutsche
Zeitung«, »Die Welt«, »Frankfurter Rundschau«, »Neue
Zürcher Zeitung«, »Tages-Anzeiger«, Zürich,
»Salzburger Nachrichten«, »Die Zeit", »Rheinischer
Merkur«, »Deutsches Allgemeines Sonntagsblatt«, »bild
der wissenschaft«, »kosmos«, »Deutsche Presse-
Agentur« (dpa), »Associated Press« (AP) und den

»Deutschen Forschungsdienst« (df). Aus seiner Feder stammen die Bücher »Deutschland in der Urzeit« (1986), »Deutschland in der Steinzeit« (1991), »Rekorde der Urzeit« (1992), »Dinosaurier in Deutschland« (1993 zusammen mit Raymund Windolf) und »Deutschland in der Bronzezeit« (1996). Von 2001 bis 2006 betätigte sich Ernst Probst als Buchverleger sowie zeitweise als internationaler Fossilienhändler und Antiquitätenhändler. Insgesamt veröffentlichte er mehr als 100 Bücher, Taschenbücher, Broschüren und E-Books.

Bücher von Ernst Probst

Affenmenschen
Von Bigfoot bis zum Yeti

Annie Oakley
Die Meisterschützin des Wilden Westens

Archaeopteryx. Der Urvogel aus Bayern

Christl-Marie Schultes. Die erste Fliegerin in Bayern
(zusammen mit Theo Lederer)

Cortés und Malinche. Der spanische Eroberer
und seine indianische Geliebte

Das Dinotherium-Museum Eppelsheim
Führer durch die Ausstellung
(zusammen mit Dr. Jens Lorenz Franzen
und Heiner Roos)

Der Europäische Jaguar

Der Mosbacher Löwe
Die riesige Raubkatze aus Wiesbaden

Der Rhein-Elefant
Das Schreckenstier von Eppelsheim

Der Schwarze Peter
Ein Räuber im Hunsrück und Odenwald

Der Ur-Rhein
Rheinhessen vor zehn Millionen Jahren

Deutschland im Eiszeitalter

Deutschland in der Frühbronzezeit

Deutschland in der Mittelbronzezeit

Deutschland in der Spätbronzezeit

Die Bronzezeit

Die Aunjetitzer Kultur in Deutschland

Die Straubinger Kultur in Deutschland

Die Singener Gruppe
und die Oberrhein-Hochrhein-Gruppe

Die Arbon-Kultur in Deutschland

Die Ries-Gruppe und die Neckar-Gruppe

Die Adlerberg-Kultur

Der Sögel-Wohlde-Kreis

Die nordische Bronzezeit in Deutschland

Die Hügelgräber-Kultur in Deutschland

Die ältere Bronzezeit in Nordrhein-Westfalen

Die Bronzezeit in der Lüneburger Heide

Die Stader Gruppe

Die Südhannoversche Gruppe

Die Oldenburg-Emsländische Gruppe

Die ältere Bronzezeit im westlichen Brandenburg

Die Vorlausitzer Kultur

Die Urnenfelder-Kultur in Deutschland

Die ältere Niederrheinische Grabhügel-Kultur

Die Allermündungs-Gruppe
in der mittleren Bronzezeit

Die Ems-Hunte-Gruppe in der jüngeren Bronzezeit

Die jüngere Bronzezeit im südlichen Niedersachsen

Die Unstrut-Gruppe

Dinosaurier von L bis Z. Von *Labocania* bis zu *Zupaysaurus*

Eiszeitliche Geparde in Deutschland

Eiszeitliche Leoparden in Deutschland

Frauen im Weltall

Höhlenlöwen. Raubkatzen im Eiszeitalter

Johann Jakob Kaup
Der große Naturforscher aus Darmstadt

Julchen Blasius
Die Räuberbraut des Schinderhannes

Königinnen der Lüfte in Deutschland

Königinnen der Lüfte in Europa

Königinnen der Lüfte in Frankreich

Königinnen der Lüfte in England, Australien und Neuseeland

Königinnen der Lüfte in Amerika

Königinnen der Lüfte von A bis Z

Königinnen des Tanzes

Malende Superfrauen

Meine Worte sind wie die Sterne
Die Entstehung der Rede des Häuptlings Seattle
(zusammen mit Sonja Probst)

Monstern auf der Spur
Wie die Sagen über Drachen, Riesen
und Einhörner entstanden

Österreich in der Frühbronzezeit

Die Aunjetitzer Kultur in Österreich

Die Straubinger Kultur in Österreich

Die Unterwölblinger Gruppe

Die Wieselburger Kultur

Die Litzenkeramik oder Draßburger Kultur

Die Veterov-Kultur
und die Böheimkirchener Gruppe

Die Attersee-Gruppe

Österreich in der Mittelbronzezeit

Österreich in der Spätbronzezeit

Pompadour und Dubarry. Die Mätressen
von Louis XV.

Raub-Dinosaurier von A bis Z.
Mit Zeichnungen von Dmitry Bogdanav
und Nobu Tamura

Rekorde der Urmenschen
Erfindungen, Kunst und Religion

Rekorde der Urzeit
Landschaften, Pflanzen und Tiere

Säbelzahnkatzen. Von *Machairodus*
bis zu *Smilodon*

Säbelzahntiger am Ur-Rhein. *Machairodus*
und *Paramachairodus*

Seeungeheuer
Von Nessie bis zum Zuiyo-maru-Monster

Superfrauen aus dem Wilden Westen

Superfrauen 1 – Geschichte

Superfrauen 2 – Religion

Superfrauen 3 – Politik

Bestellungen bei: http://www.grin.com